IDOMENÉE,

TRAGÉDIE;

Par Mr. LE MIERRE:

Représentée pour la premiere fois par les Comédiens François, Ordinaires du Roi, le Lundi 13 Février 1764.

Le prix est de 30 sols.

A PARIS,

Chez D U C H E S N E, Libraire, rue S. Jacques, au-dessous de la Fontaine S. Benoît, au Temple du Goût.

M. DCC. LXIV.

Avec Approbation & Privilége du Roi.

PERSONNAGES.

IDOMENÉE, *Roi de Crete.*   M. Brizart.

IDAMANTE, *Fils du Roi.*   M. le Kain.

ERIGONE, *Fille d'un Roi de Samos, femme d'Idamante.*   Mlle Clairon.

SOPHRONIME, *Confident du Roi.*   M. Dubois.

NAUSICRATE, *Confident d'Idamante.*   M. Dauberval.

LE GRAND PRESTRE.   M. Blainville.

PRESTRES.

PEUPLES.

GARDES.

La Scene est à Cydon, Capitale de la Crete. Le Théâtre représente le rivage de la mer, on voit d'un côté un Temple, & de l'autre un Palais.

IDOMENÉE,
TRAGÉDIE.

ACTE PREMIER.

SCENE PREMIERE.

IDAMANTE, NAUSICRATE, LE GRAND PRESTRE DE NEPTUNE, *Prêtres de sa suite. Suite d'Idamante.*

IDAMANTE.

LES vents sont appaisés, ce rivage est tranquille,
La mer qui sembloit prête à submerger cette isle,
Le Ciel qui menaçoit d'un déluge nouveau,
De Jupiter enfin respecte le berceau;

A ij

Mais qui sçait si du sort la rigueur obstinée
Ne poursuit point encor les jours d'Idomenée,
S'il reverra la Crete, où depuis si longtems
Avec ce Peuple & vous vainement je l'attens ?
Ministres des Autels, qui pendant la tempête,
Allarmés pour sa flotte, & tremblans pour sa tête,
Imploriez tous les Dieux, & souhaitiez alors
Pour la premiere fois, qu'il fût loin de ces bords,
Offrez au Dieu des mers un nouveau sacrifice ;
Que sur l'onde à mon pere il se montre propice,
Et qu'il ramène enfin le plus chéri des Rois,
Des bords du Simoïs, aux rivages Crétois.

SCENE II.

IDAMANTE, NAUSICRATE.

Les Prêtres se retirent.

IDAMANTE.

Nausicrate, tu plains ma tendresse inquiète,
Mais plains autant que moi le destin de la Crete ;
Quelle est sa perte, ami ! si mon pere n'est plus.
Tout retrace à nos yeux sa gloire & ses vertus ;

De son augulte ayeul tu sçais s'il fut l'image:
De Minos dans la Crete il affermit l'ouvrage.
Sous les plus sages loix qu'admira l'univers,
Ce Peuple né féroce étoit resté pervers:
Mon pere corrigea dans ce climat barbare;
Des mœurs avec les loix, le contraste bisare:
A force de bienfaits il sçut changer les cœurs,
Et les rendant heureux il les rendit meilleurs.
Nous jouissions en paix des fruits de sa sagesse;
Falloit-il, que troublant le repos de la Grece,
Hélene tout à coup fit armer tant d'Etats,
Ah! quand mon pere ardent à venger Ménélas,
Se joignit pour lui rendre une épouse perfide,
A la foule des Rois assemblés dans l'Aulide,
Pourquoi m'empêcha-t-il d'accompagner ses pas?
Je courois à la gloire & ne le quittois pas.

NAUSICRATE.

Il dut vous arrêter: quel autre eût sçu conduire
D'une plus sage main les rênes de l'Empire?
Elevé sous ses yeux, par lui-même formé,
Déjà de son esprit vous étiez animé;
Votre zèle tint lieu de son expérience,
Et vous avez rempli la publique espérance.

IDAMANTE.

Je ne me flatte point à vos yeux prévenus
D'avoir sçu de mon pere égaler les vertus,

A iij

J'ai fait ce que j'ai pu pour remplir une attente,
Qui devoit d'un beau zèle enflâmer Idamante;
Mais depuis que le Roi, par les vents arrêté,
Semble être de ces bords pour jamais écarté,
Je l'avouerai, mon cœur distrait des soins du trône,
A de mortels ennuis tout entier s'abandonne,
Et devant tout ce peuple engagé sous ma loi,
Plus je suis fils sensible, & moins je suis son Roi.

NAUSICRATE.

Ainsi donc votre cœur s'inquiète & s'ignore:
Il remplit son devoir, & s'en croit loin encore!
Qu'on vous juge autrement! cet austère coup d'œil
Que jette sur lui-même un mortel sans orgueil,
Donne un nouvel éclat à sa vertu sublime,
Et ne rend que plus cher le Héros qu'elle anime.
Ah Seigneur! de vos soins voyez plutôt les
      fruits.
On respecte vos loix, nul ne prend vos ennuis
Pour le sommeil de l'ame & l'oubli de l'Empire;
On vous aime, on vous craint, c'est l'art de tout
      conduire.
Que dis-je? si jamais Idamante aux Cretois
A fait chérir son nom, a fait bénir ses loix,
C'est depuis que du Roi l'absence se prolonge,
Depuis que dans la crainte où votre amour vous
      plonge,

Vous vous exagérez les périls de ces jours
Dont vous fçavez que Troie a refpecté le cours ;.
Eh ! que n'attend-on pas d'une ame tendre & pure,
Sourde à l'ambition & toute à la nature ?
Votre piété feule, en gagnant les efprits,
Fait adorer en vous & le Prince & le Fils.

I D A M A N T E.

O toi qui méritas par tes vertus fuprêmes,
De juger, né mortel, tous les mortels eux mêmes,
Minos, toi qui du fort tenant l'urne en tes mains,
Aux enfers devant toi fais trembler les humains ;
Ce Heros de ton fang & dont la vie entière
N'a rien à redouter de ton regard févère,
A-t-il paffé le ftyx, & paru devant toi ?
Ami, Troie eft tombée & fubfifte pour moi ;
Ce n'eft pas d'aujourd'hui que mon ame eft ou-
    verte
A des preffentimens qui m'annoncent ma perte.
Les Dieux s'attachent trop à me la préfenter,
Pour que le cœur d'un fils puiffe encor en douter.
Dans des fonges touchans, fous de douces images,
Plus cruelles pour moi que les plus noirs préfages,
Mon pere chaque nuit fe préfente à mes yeux
Au nombre des Héros & des Rois vertueux,
Qui fous un ciel ferein, dans une paix profonde,
Jouiffent du bonheur qu'ils donnerent au Monde ;

A ces objets, ami, tous mes fens font émus;
Je m'éveille & m'écrie, ah! mon pere n'eft plus:
Il n'eft plus fur la terre, il eft dans l'Elifée,.
Il a rejoint Hercule, & Minos, & Théfée.
Pardonnez-moi, grands Dieux, dans mon adver-
       fité,
Si je me plains à vous de fa félicité ;
Ce Roi dont d'autres mains ont recueilli la cendre
Aux champs Elyfiens plus tard eût pu defcendre.
Mon pere à mon amour ne fera point rendu ;
Sans doute il eft heureux, mais fon fils l'a perdu.

NAUSICRATE.

Mais ce Roi, digne objet des regrets d'Idamante,
De tant de Rois partis des rivages du Xante,
Seigneur, eft-il le feul dont les vents & les eaux
Loin de fa Cour encore écartent les vaiffeaux ?
Ulyffe dès longtems attendu dans Ithaque,
N'a point revu fa femme & fon cher Télémaque;
Et malgré les ennuis dont leur cœur eft atteint,
L'efpoir de fon retour n'eft point encore éteint.
Eh! quelle mer Seigneur, quelle ifle abandonnée
Auroit enfeveli le nom d'Idomenée ?
Votre époufe elle même en proye à moins d'effroi
Sur cette feule idée attend toujours le Roi,
Et loin de renoncer......

I. D A M A N T E, *vivement.*

Elle n'eft point fa fille.
Elle en a pris le nom, entrant dans fa famille ;
Mais combien dans les cœurs le fang doit l'emporter
Sur un nom qui ne fait que le repréfenter !
Eh! quelle eft l'amitié fi fenfible & fi pure
Dont toute la tendreffe égale la nature ?

S C E N E   I I I.

E R I G O N E,   I D A M A N T E, NAUSICRATE.

E R I G O N E.

AH! cher époux! le Ciel eft peut-être fléchi,
Au pied de ce rocher par les vagues blanchi,
Sophronime a paru.

I. D A M A N T E.

Lui! quel efpoir me flatte ?
Sophronime, eft-il vrai? cours vers lui, Nauficrate,
Précipite tes pas, qu'il fe hâte avec toi,
Qu'il vienne.... mais quoi! feul ?

A v v

ERIGONE.

　　　　　　　　On n'a point vu le Roi,
Sur ces bords cependant poussé par la tempête,
Près de ce Temple encor Sophronime s'arrête;
Puisqu'il rend grace aux Dieux, j'espère en leur
　　　appui.
Par mon ordre déjà l'on a couru vers lui,
Il a toujours du Roi suivi la destinée:
Nous apprendrons de lui le sort d'Idomenée,
Et puisque Sophronime a pu revoir ce bord,
Votre pere est vivant & n'est pas loin du port.

IDAMANTE.

Ah! je frémis encore au moment où j'espère.

SCENE IV.

SOPHRONIME, IDAMANTE, ERIGONE.

IDAMANTE.

SOphronime, c'est vous ! qu'est devenu mon
　　　pere ?
Revenez-vous sans lui, parlez, vais-je le voir ?
Arrachez - moi la vie ou comblez mon espoir.

SOPHRONIME.

Seigneur, vous revoyez un serviteur fidèle
Qui sur vous déformais doit tourner tout son zèle.

IDAMANTE.

Sophronime !

ERIGONE,

Qu'entens-je ?

IDAMANTE.

O Dieux ! qu'avez-vous dit !

ERIGONE.

Sur ce front consterné notre sort est écrit.
Pour nous toute espérance est donc anéantie !

IDAMANTE.

O perte trop funeste, & déja pressentie !
Dieux cruels ! vous étiez jaloux de mon bonheur.
Sophronime, achevez de déchirer mon cœur ;
Sans craindre de m'offrir une image accablante ,
Enfoncez le poignard dans le cœur d'Idamante.

ERIGONE.

Par quels coups les Destins ont-ils hâté sa mort ?

SOPHRONIME.

Les gouffres de la mer m'ont dérobé son sort ;
Oui Neptune s'est fait une barbare joie

A vj

Tu n'as d'abord senti que la volupté pure
Qu'a porté dans ton cœur la voix de la nature :
Mais moi d'un cœur plus libre & plus maître de soi,
J'aurois étudié son maintien devant toi ,
Quelque soit le secret qu'à nous taire il s'attache ,
Dans ce qu'il m'auroit dit....j'aurois vu ce qu'il
       cache.
Un mot, un mouvement, le moindre signe enfin
Eût peut-être éclairé mon esprit incertain ;
Et sur ce qui te touche une épouse qui t'aime ,
Dans le cœur de ton pere eût mieux lu que toi-
       même.

SCENE V.

SOPHRONIME, ERIGONE, IDAMANTE.

IDAMANTE.

AH ! c'est toi, Sophronime : approche, éclaircis-
   moi.

ERIGONE.

Instruis-nous des chagrins où se plonge le Roi.

I D A M A N T E.

Son vaiſſeau n'a péri que près de ce rivage.
Compagnon de ſon ſort dans un ſi long voyage,
Tu ne t'es qu'un inſtant ſéparé d'avec lui,
Parle, quels ſont ſes maux ? Que craint-il aujour-
    d'hui ?

S O P H R O N I M E.

Il m'évite, il me fuit, mais je connois ſon trou-
    ble :
La pitié le produit, chaque inſtant le redouble
Vous le plaindrez tous deux lorſque vous appren-
    drés
A quels remords cuiſans ſes eſprits ſont livrés.
Vous le ſçavez, la Crete ainſi que la Tauride
Trop ſouvent à ſes Dieux offre un culte homicide,
Et pendant la tempête & les périls certains
Où nous devions cent fois terminer nos deſtins ;
Le Roi loin de ſes yeux voyant fuir ſa patrie,
Court ſoudain vers la pouppe, il y monte, il s'écrie:
» Neptune, écoute-moi, j'invoque ton ſecours,
» Sauve nous des dangers aſſemblés ſur nos jours,
» Fais-moi revoir la Crete, & mon bras pour
    hommage
» T'immole le premier que m'offre le rivage,
» Je te le jure. » Il dit & frémit du ſerment,

Sa bouche l'a formé, tout son cœur le dément ;
A ce funeste prix sauvé de la tempête,
Il aura d'un Crétois déjà proscrit la tête,
Et la Religion dans son cœur agité,
Hélas ! combat sans doute avec l'humanité.
Venez le consoler.

IDAMANTE.

Qu'as-tu dit, Sophronime ?

(A part, après avoir regardé sa femme un moment.)
Cachons mon trouble.

ERIGONE.

Hélas ! malheureuse victime !.....
Tu gémis, cher époux.

IDAMANTE *à part.*

Quel jour vient m'éclairer !

ERIGONE.

Ce récit t'attendrit.

IDAMANTE *à part.*

Puisse-t-elle ignorer !....

ERIGONE.

Tu plains un innocent qui fut heureux peut-être,
Tu pleures la victime avant de la connoître.

IDAMANTE, *d'abord avec un abandon d'at-*
tendrissement ; puis se remettant.

Erigone! .... il est vrai, je sens avec effroi
Quel doit être le trouble & la douleur du Roi.
Plains le mortel proscrit par le décret céleste.
Sur qui va s'accomplir un serment si funeste:
Mais plains surtout le Roi, plains mon pere au-
        jourd'hui
Plus malheureux encor, plus victime que lui;
Non, tu ne connois pas, ô ma chere Erigone,
Quel est le désespoir où le Roi s'abandonne,
De combien de poignards un devoir inhumain
Va percer dans ce jour & déchirer son sein.
Il n'a plus désormais dans le vœu qui le lie
Que le choix du parjure ou de la barbarie.

                ERIGONE.

Que tu me deviens cher par tant de piété,
Par cet excès touchant de sensibilité,
Et que dans le malheur où s'est plongé ton pere,
A son cœur affligé tu deviens nécessaire!
Allons vers lui.

            IDAMANTE.

            Ta vûe aigriroit sa douleur,
Il vient de t'éviter, honteux de son malheur;
Modère pour un jour cet intérêt si tendre,
Que sa peine t'inspire & qu'il a droit d'attendre,

                                B iij

Quoique l'ordre du Ciel veuille exiger de lui,
Il a besoin de toi, tu seras son appui
Qu'il doive quelque calme au zèle qui t'anime.
Je retourne vers lui; viens, suis-moi, Sophronime.

SCENE VI.

ERIGONE.

AINSI l'homme imprudent jette dans l'avenir
Des vœux précipités que suit le repentir;
Croyant forcer le sort & ces loix éternelles,
Dont le cours inconnu nous entraîne avec elles,
Doutant des Dieux, doutant de leur soin paternel,
Sa foiblesse à genoux compose avec le Ciel.
Mortel, honore mieux la suprême sagesse,
Entouré de devoirs ne fais point de promesse;
Fais le bien chaque jour que t'accordent les Cieux,
Attends la destinée & t'abandonne aux Dieux.

SCENE VII.

NAUSICRATE, ERIGONE.

NAUSICRATE.

MADAME, on fçait par-tout le vœu d'Idomenée.
Son défefpoir aux yeux de fa Cour étonnée,
Ses plaintes, fon défordre & fon faififfement
N'ont que trop divulgué fon funefte ferment:
Seulement la victime eft encore ignorée.
Le Roi, les yeux en pleurs, la démarche égarée,
De moment en moment m'a paru fe troubler;
Dans un tranfport foudain il m'a fait appeller;
Cours, dit-il, vers mon fils, qu'il emmene Erigone,
Qu'ils partent pour Samos, dis leur que je l'or-
        donne,
Qu'ils s'arrachent l'un l'autre au fpectacle cruel
Qu'alloit leur préparer un ferment criminel.

ERIGONE.

Qui! moi l'abandonner, quand fon ame éperdue,
De fa douleur encor veut m'épargner la vûe!
Laiffer feul à fa peine un cœur fi généreux!

Croit-il que loin de lui nous ofions être heureux !
Périffe le mortel à qui femble importune
La préfence des fiens tombés dans l'infortune,
Qui fe cherchant fans cefle & toujours plein de lui,
N'a jamais ni vécu ni fouffert dans autrui.

NAUSICRATE.

Mais, Madame, le Roi...

ERIGONE.

Je veux le voir, vous dis-je,
Je fens ce que fon fort & non fon ordre exige,
Je l'aime, je le dois, quoi qu'il puiffe ordonner,
J'attens fon intérêt pour me déterminer.
Ce n'eft pas contre lui que je lui fuis foumiffe,
A ne le point quitter tout enfin m'autorife,
Et mon cœur, qui pour lui ne peut jamais changer,
Veut adoucir fes maux ou veut les partager.

Fin du fecond Afte.

ACTE III.

SCENE PREMIERE.

IDOMENÉE, SOPHRONIME.

SOPHRONIME.

OÙ courez-vous Seigneur ? souffrez qu'au moins
    je suive
Vos pas désespérés errans sur cette rive.
Ah! de votre Palais prompt à vous arracher,
Loin des vôtres hélas! que venez-vous chercher?

IDOMENÉE.

Eh! comment survivrai-je au serment qui me lie?
Que veux-tu que ton Roi fasse encor de la vie?
Parricide serment à ma bouche échapé!
Impitoyable loi d'un vœu qui m'a trompé!
J'ai vû tous mes vaisseaux engloutis par l'orage;
Dieu des mers, c'étoit peu : tu me vends mon
    naufrage.

B iv

Tu voulois, m'accablant dans mon fils malheureux,
Détruire l'un par l'autre & nous perdre tous deux.
A ce comble d'horreurs ma vieillesse est en proie ;
Et je n'ai pû mourir devant les murs de Troie !
Je vis pour l'infortune & pour le repentir.

S O P H R O N I M E.

Votre cœur à son vœu ne sçauroit consentir.
Le Ciel le sçait, le Ciel peut s'appaiser encore,
Il réserve des maux & des biens qu'on ignore.

I D O M E N É E.

L'implacable Neptune une fois attesté,
Des Dieux que l'on invoque est le plus redouté.

S O P H R O N I M E.

L'innocence par lui peut-elle être proscrite ?

I D O M E N É E.

Il exauça le vœu qui perdit Hippolite.

S O P H R O N I M E.

Oui, mais au nom du Stix, & d'avance engagé,
Neptune se devoit à Thesée outragé ;
D'ailleurs il n'exauçoit qu'un pere inexcusable,
Que sa crédulité rendoit impitoyable.

I D O M E N É E.

Eh ! qu'espérer d'un Dieu connu par sa rigueur,
Qui pese la foiblesse, & qui punit l'erreur ?

Mais dis-moi, n'est-il rien qu'Erigone soupçon
Mon fils va-t-il partir, Sophronime ?

SOPHRONIME.

                Erigone
Vous plaint, mais sans connoître, aux pleurs que
      vous versés,
Tous les maux sur sa tête en secret amassés.
Idamante frappé d'atteintes plus cruelles
Sent couler dans son cœur vos larmes paternelles.
De vos ordres déjà l'on a dû l'avertir :
Mais je doute, Seigneur, qu'il s'apprête à partir ;
Vous le connoissez mieux : un cœur aussi fidèle
Va vous désobéir par tendresse & par zèle.

IDOMENÉE.

Qui me l'eût dit, mon fils, que mes affreux ser-
      mens
Viendroient jetter la mort dans nos embrassemens ?
Qu'en abordant ces lieux ma tendresse éperdue
Auroit à s'interdire une si chere vue ?
Mon fils, attendois-tu ce déplorable sort ?
Quel prix pour ton amour que l'éxil ou la mort !
Qu'auroit fait ou ma haine ou le Ciel en colère ?
Je frémis, je succombe au tourment d'être pere.

                    B vj

S O P H R O N I M E.

rigone, Seigneur, porte vers nous ſes pas.

I D O M E N É E.

Ah! comment lui cacher mon funeſte embarras?

S C E N E. I I.

ERIGONE, IDOMENE'E, SOPHRONIME.

E R. I. G O N E.

S Eigneur, vous m'éloignez; votre douleur ex-
    trême
Semble craindre l'aſpect de tout ce qui vous aime :
Vous fuyez votre fils, mais d'un ſoin plus preſſant
Il faut vous occuper dans ce fatal inſtant . . . .
Senſible à vos chagrins, interdite, tremblante,
Je vous cherchois, Seigneur, & ma voix gémiſſante
Se refuſe au tableau qu'il faut vous préſenter.

I D O M E N É E.

Que dit-elle? grands Dieux! & qu'ai-je à redouter?

ERIGONE.

Seigneur, née à Samos, loin des mœurs de la Crete,
Loin d'un culte inhumain que ma pitié rejette,
Je gémis de venir, malgré ce désaveu,
Presser sur l'inconnu l'effet de votre vœu.
On sait votre serment ainsi que vos allarmes,
Ce peuple entier s'étonne & se plaint de vos lar-
        mes;
Il s'assemble, il murmure, il demande à grands
        cris
La victime promise à la loi du pays;
Loi dure, loi de sang qu'à jamais je déteste,
Et que n'a pû dicter la Justice céleste;
Mais hélas! établie à la honte des Dieux
Chez ce peuple barbare & superstitieux:
Celui dont la vertu l'abhorre au fond de l'ame,
Craignant de plus grands maux, lui-même la ré-
        clame;
Oüi, si vous refusez d'obéir à la loi,
Vous remplissez l'État de désordre & d'effroi.
Abandonnez un seul pour satisfaire au reste,
Pour écarter de vous un péril si funeste.
Puisse ce malheureux être ici le dernier
Que la Crete à nos Dieux verra sacrifier!

IDOMENÉE.

Ciel! que demandez-vous, ma fille?

ERIGONE.

                    La Patrie,
L'humanité, tout parle à votre ame attendrie.
Il coûte à votre cœur de livrer à la mort
Un mortel condamné feulement par le fort ;
Mais tout me fait trembler, une loi tyrannique,
L'emportement du peuple, ùn fanatifme antique.
Prévenez fa fureur, Seigneur, pour vos Etats,
Pour vous, pour votre fils. . . . .

IDOMENÉE, *avec un cri.*

                    Ah ! vous ne fçavez pas,
Erigone ! . . . .

ERIGONE.

Seigneur ! . . . .

IDOMENÉE.

                    Jour fatal ! . . . vœu barbare ! . . ?
Je ne fçais où je fuis. . . . .

ERIGONE.

                    Quel trouble vous égare !

IDOMENEE.

Tremblez de me preffer & de m'interroger.

ERIGONE.

Quel étrange langage & quel nouveau danger ?

IDOMENÉE. (*A part.*)

Je frémis de parler, je frémis de me taire;

E R I G O N E.

Achevez, quel qu'il foit, d'éclaircir ce miftère.

I D O M E N É E.

La colère des Dieux ;... mes deftins inouis ;...
Madame... apprenez tout ; la victime eft mon
fils.

E R I G O N E.

Qui !

I D O M E N É E.

Mon fils !

E R I G O N E. *Elle s'évanouit : le Roi & Sophronime la*
conduifent vers les degrés du Temple où elle refte accablée
de fa douleur.

Je me meurs.

I D O M E N É E.

Son défefpoir m'accable,
Le trépas m'environne ; ô jour épouvantable !
Qu'ai-je fait, Sophronime ! ah ! j'ai rempli d'effroi
Tout ce qui m'étoit cher , tout ce qui tient à
moi.
L'amertume qu'ici j'ai partout répandue ,
Mêle une horreur nouvelle au chagrin qui me tue.
Ah ! revenez à vous,

E R I G O N E. *Le Roi eft errant fur le rivage.*

Ah ! laiffez-moi mourir,

Vous m'arrachez la vie & m'osez secourir.

Où suis-je ! qu'ai-je appris ! quelle foudre subite !

D'effroi, de désespoir, d'horreur mon cœur pal-
        pite ;

Ma voix tremble, un nuage est tombé sur mes
        yeux ;

Je ne me connois plus. Cher Idamante ! ah ! Dieux !

Toi mourir ! moi te perdre ! ô destinée affreuse !

Trop fatale tempête ! .. Et c'est moi, malheureuse !

Qui viens de t'envoyer le premier sur ce bord,

C'est moi, sans le sçavoir, qui viens presser ta mort ;

Je succombe à l'horreur du coup que j'envisage,

Je meurs à chaque instant de cette affreuse image,

IDOMENÉE.

Erigone, écoutez.

ERIGONE, *plus vivement.*

            Ah ! Seigneur ! qu'ai-je dit ?

Quelle aveugle douleur égaroit mon esprit ?

Qui ? vous ! vous pourriez voir, trop barbare à vous
        même,

Enfoncer le couteau dans ce cœur qui vous aime !

Ah ! vous êtes son pere, & c'est vous outrager

Que de croire sa vie un moment en danger.

Hélas ! il n'avoit pû qu'avec impatience,

Qu'avec d'affreux ennuis supporter votre absence.

Son cœur d'inquiétude & de crainte frappé
De vos périls, de vous fut sans cesse occupé.
Il déteftoit Helene, & Ménélas & Troie,
Il vous voit sur la rive, il s'élance avec joie ;
Pourriez-vous le punir d'avoir volé vers vous,
D'avoir fait éclater ses tranfports les plus doux ?
Eh ! quel fils pourfuivi par les Dieux en colère
Trouva jamais la mort dans les bras de son pere ?

I D O M E N É E,

Erigone, ceffez, vous déchirez mon cœur :
Loin de vous ces foupçons qui me glacent d'hor-
   reur.
Plutôt que fur mon fils mon ferment s'accompliffe ,
Qu'à l'inftant devant vous le Ciel m'anéantiffe !
Idamante vivra, Madame.

E R I G O N E.

                Et vous pléurez !
Ah ! cruel ! eft-ce ainfi que vous me raffurez ?

I D O M E N É E,

Je frémis , il eft vrai, mais de la loi trop dure
Qui m'entraîne au malheur, ou me force au par-
   jure ,
Et ne me permet pas en ce jour odieux
D'accorder dans mon cœur la nature & les Dieux ,
Mais il vivra, vous dis-je ; oui , calmez vos allarmes,

Le Ciel doit féparer mon crime de vos larmes ;
Allez à nos autels , allez , & que vos pleurs
De nos Dieux irrités appaifent les rigueurs ;
Faites-leur oublier une promeffe impie
Qui feroit à jamais le tourment de ma vie ;
Ou s'ils veulent punir un déplorable Roi,
Qu'ils épargnent mon fils & ne frappent que moi..

      ERIGONE, *d'un ton plus raffuré.*

Ah! j'attens leur clémence... ou plutôt leur juftice.
Eh! peuvent-ils vouloir qu'Idamante périffe ?
Peuvent-ils commander qu'un barbare ferment,
L'ouvrage de la crainte & l'erreur d'un moment,
Renverfe ces devoirs éternels & fuprêmes,
Ces loix du fentiment imprimé par eux-mêmes ?
Seigneur, c'étoit déjà trop enfreindre ces loix,
Que de verfer le fang du dernier des Crétois;
Et c'eft le fang d'un fils , c'eft cette horrible of-
      frande
Que vous pourriez penfer que le Ciel vous de-
      mande !
Ah! je défends en lui votre fils , mon époux ,
Et bien loin d'attirer le célefte courroux,
Vous ferez par les Dieux trop abfous d'un par-
      jure
Qui fert l'humanité , l'hymen & la nature.

SCENE III.

IDOMENÉE.

EXAUCEZ-la, grands Dieux, elle seule au-
jourd'hui
Peut, sans vous offenser, implorer votre appui.
Qui porte ici ses pas, ô Ciel ! mon fils s'avance.
Faut-il qu'un pere évite & craigne sa présence ?

SCENE IV.

IDAMANTE, IDOMENÉE.

IDAMANTE, *impétueusement.*

VOus me fuyez en vain, je vous suivrai par-
tout.

IDOMENÉE.

Ah ! mon fils ! laisse-moi, ma constance est à bout.

IDAMANTE, *d'un ton ferme & rapide.*

J'ai tout appris, je suis la victime funeste
Que vous a présenté la colère céleste.

Ah! mon pere! fouffrez que mon cœur éclairci
Devant vous de vous-même ofe fe plaindre ici ;
Avez vous pû douter un moment d'Idamante ?
Et pouvez-vous penfer que la mort m'épouvante ?
Seigneur, je l'avouerai, s'il falloit m'immoler,
Mon fang fur un autel ne devoit point couler ;
Je ne crains point la mort, je la voulois plus
        belle,
Digne de mon courage & digne de mon zele ;
C'étoit pour vous défendre au milieu des combats
Que j'euffe avec tranfport affronté le trépas ;
Mais fi l'ordre du Ciel veut qu'ailleurs je periffe,
S'il exige de nous ce trifte facrifice,
Mon fang eft prêt, Seigneur, ordonnez, j'y foufcris,
Trop heureux de calmer votre cœur à ce prix.

IDOMENE'E.

Tu m'aimes! & tu peux me tenir ce langage !
Tu peux me préfenter cette cruelle image !
Que me dis-tu, mon fils ? je pourrois fans horreur
Accomplir une loi qui te perce le cœur !
Loin de moi, contre moi va chercher un afile.

IDAMANTE.

Vous voulez que je vive & votre ordre m'exile...

IDOMENE'E.

Ainfi le veut, l'exige un ferment infenfé,
Un ferment parricide où l'effroi m'a pouffé.

Ton'falut eſt écrit dans le cœur de ton pere,
  Rien ne peut me changer; ni d'un vœu téméraire
L'impérieuſe loi, ni ce peuple en courroux ,
Ni Neptune & les Dieux conjurés contre nous:
Mais mon cœur allarmé, malgré cette aſſurance,
Redoute encor pour toi ma ſiniſtre préſence;
De ton éloignement m'impoſer la douleur,
Me priver de ta vûe eſt déjà pour mon cœur
Un trop cruel effet du vœu que je déteſte..
  Je ne te fuis, mon fils, déjà que trop funeſte.
Fuis, je crains que les Dieux par quelque évé-
          nement
N'accompliſſent ici mon barbare ſerment.

IDAMANTE, *rapidement & avec une tendre
                                        fureur.*

Eh! quel Dieu, ſi mon ſort d'avec vous me ſépare,
  Quel Dieu me pourroit-être aujourd'hui plus bar-
          bare?
Eh! quoi! j'irois, Seigneur, abandonnant mon
          Roi,
Conſumer loin de vous des jours que je vous doi!
De mes premiers deſtins je perdrois la mémoire!
Je mourrois à mon pere, à mon nom, à ma
          gloire,
A mon pays! j'irois du bruit de mon départ
Remplir tout l'univers, qui jugeant au hazard,

Et me voyant céder.à l'amour qui vous guide,
Prendroit un fils soumis pour un Prince timide !
Non, Seigneur, si le Ciel a résolu ma mort
Ce n'est point en fuyant que j'échappe à mon sort...
Je reste dans ces lieux, & s'il faut que je meure,
Idamante du moins....

　　IDOMENÉE, *comme d'inspiration & avec transport.*

　　　　　　　Eh ! bien ! mon fils, demeure,
Demeure dans Cydon : c'est à moi d'en partir,
Je sens que de mon trouble, enfin, je vais sortir
Hé ! pourquoi demandois-je à revoir ce rivage?
Etoit-ce seulement pour aborder la plage ?
Ah ! c'étoit pour remettre ou laisser sous ta loi
Tout ce peuple qui t'aime, heureux déjà par toi.
Ils le sçavoient ces Dieux dont la cruelle adresse
T'envoya sur mes pas pour tromper ma tendresse :
Ils m'ouvrent un abime, ils m'ont mis sur le bord,
Mais je puis reculer, je le puis sans remord.
Si j'ai fait un serment pour rentrer dans cette isle,
Ce serment est détruit, c'est moi qui m'en exile ;
Ce n'est qu'en y restant que j'offense les Dieux,
Je m'éloigne, il suffit, je suis absous par eux,
Et secondant pour toi tout l'amour qui m'anime,
Les mers vont emporter ma promesse & mon crime.

SCENE V.

NAUSICRATE, IDAMANTE, IDOMENE'E.

NAUSICRATE.

J'Accours vers vous, Seigneur ; ce peuple
  frémissant
Qui prompt à murmurer & presque menaçant,
Demandoit qu'on livrât la victime promise,
Depuis saisi d'horreur autant que de surprise,
Dès qu'Erigone en pleurs a nommé votre fils,
Songeant à la victime a poussé d'autres cris ;
Il fut heureux dix ans sous sa loi bienfaisante,
Il croit que du trépas tout dispense Idamante :
Son rang, sa renommée & le sang dont il sort,
Et les destins publics attachés à son sort ;
Tantôt on condamnoit hautement vos allarmes,
Maintenant on accuse, on redoute vos larmes,
On croit auprès de vous votre fils en danger,
On court, on s'arme en foule, on pense le venger ;
Ecartez les périls que cet instant prépare.

IDOMENÉE.

Quel outrage à mon cœur!

IDAMANTE *avec transport.*

Mon destin se déclare.

Idamante en victime auroit été livré,
Il mourra par son choix comme il l'a désiré :
Grands Dieux, je vois qu'au moins ma gloire vous
         est chere,
Je vais finir ma vie en défendant mon pere.

Il dit ce dernier vers en se jettant dans les bras du Roi.

IDOMENÉE.

Ah! mon fils, c'en est fait, j'ai regné, j'ai vécu,
Les ans m'ont affoibli, le malheur m'a vaincu,
Ce peuple, comme moi, justement te préfére,
Et même en l'outrageant s'accorde avec ton pere ;
Hâte-toi, monte au gré de leur zéle empressé
Sur un trône où déjà tu m'avois remplacé ;
Anéantis ainsi ma promesse imprudente ;
Ne pouvant la remplir, fais que je m'en exemte ;
Le trône est ton asile, & te nommant leur Roi,
Je n'ai plus désormais aucun pouvoir sur toi.

IDAMANTE.

Moi regner! quand mon pere....

IDOMENÉE

IDOMENÉE.

Oui, c'eft lui qui t'en preffe.
Eh! peut-il perdre rien de tout ce qu'il te laiffe ?
La Crete eft un féjour que je dois détefter :
Je t'y donnois la mort, puis-je encore y refter ?

SCENE VI.

IDAMANTE.

NE l'abandonnons point au deffein qu'il em-
braffe.
Au trône de Cydon c'eft en vain qu'il me place ;
Courons, & ramenons, par un heureux pouvoir,
Et mon pere à ce trône & ce peuple au devoir.

Fin du troifiéme Acte.

C

ACTE IV.

SCENE PREMIERE.

IDOMENE'E, SOPHRONIME.

SOPHRONIME.

Ainsi, précipitant une triste retraite,
Idomenée est mort désormais pour la Crete.

IDOMENÉE.

Je pars, mais aux Crétois mon fils est conservé ;
Je leur laisse un bon Roi par eux-même éprouvé,
J'échappe au parricide, & j'évite un parjure,
Je satisfais aux Dieux, & je sers la nature ;
Je touche, tu le vois, au terme de mes jours,
La guerre devant Troye a consumé leur cours,
Que perdrai-je en quittant mon trône & ma
      patrie ?
Mon regne de bien peu finit avant ma vie ;
Mon exil sera court, vivant loin de mon fils ;
Loin de lui je mourrai, voilà mes seuls ennuis ;
Il me seroit bien doux qu'une main aussi chere
Serrât ma main mourante, & fermât ma paupiere.
Mais toi dont je voudrois récompenser la foi,
Je ne puis rien t'offrir qu'un exil avec moi ;
Voudras-tu, supportant ma présence importune,

Attacher tes deftins à ma trifte fortune ?
Serai-je encor ton Roi, quoique errant & banni ?
De mon affreux ferment feras-tu donc puni ?

SOPHRONIME.

Eh! pouvez-vous penfer, incertain de mon zele,
Que mon cœur délibère, & que m'a foi chancelle ?
Vos vertus méritoient, Seigneur, d'autres deftins :
Mais je fuivrai le vôtre, & c'eft vous que je plains.
Malheur à ces ingrats dont le cœur infidèle
Erre avec la fortune, & s'enfuit avec elle ;
Le fort vous a frappé : je veux, j'en fuis jaloux,
Embraffer vos débris, & tomber avec vous ;
Il n'eft dans ce moment qu'un foin qui m'inquie te.

IDOMENE'E.

Eh! que crains-tu ?

SOPHRONIME.

Des Dieux le févère interprete ;
Je l'ai vû, quand le peuple appelloit votre fils,
Par fa feule préfence interrompre leurs cris ;
Le front enveloppé des ombres du miftère,
Il eft rentré penfif au fond du fanctuaire,
Et fans autorifer, ni condamner leurs vœux,
Laiflant l'incertitude & la frayeur entr'eux.
Tant le Ciel qui fe taît eft plus terrible encore,
Et fait plus refpecter ce qu'il veut qu'on ignore !

IDOMENÉE.

Ami, par mon départ j'appaiferai les Dieux,

Leur clémence m'attend, mais c'est sous d'autres
　　Cieux.
Hâte toi seulement de cacher ma retraite,
Ne donnons point ma fuite en spectacle à la Crete;
Va, cours,.....mais de quel bruit retentissent ces
　　lieux.

SCENE II.

LE GRAND PRESTRE,
IDOMENE'E.

IDOMENÉE.

LE Grand Prêtre !.. Où viens-tu, Ministre de nos
　　Dieux?
Je fuis ces bords, viens-tu m'arrêter dans ma
　　fuite?
Qu'espères-tu changer dans mon ame interdite?
La nature a parlé, je n'entens que sa voix;
Penses-tu dans mon cœur l'emporter sur ses loix?
Quelsque soient les malheurs que ta bouche m'an-
　　nonce,
Avant de t'expliquer tu connois ma réponse.

LE GRAND PRESTRE.

Plût aux Dieux sous vos pas fermer l'abîme ouvert.
Vous voyez, aux ennuis dont mon front est couvert,
Qu'à peine je soutiens l'aspect d'Idomenée:

Du fort qui vous attend mon ame eft confternée ;
Mais aux loix de ce Temple un vœu vous a foumis,
Il faut verfer le fang que vous avez promis.

IDOMENE'E.

Qu'entens-je ? Dieux cruels !

LE GRAND PRESTRE, *d'un ton lent.*

           Neptune le commande ;
Ofer lui refufer le fang qu'il vous demande,
C'eft aujourd'hui fur vous, fur ce peuple innocent,
Appefantir le bras de ce Dieu tout-puiffant.
Je l'invoquois, Seigneur ; au fond du Sanctuaire,
Lui-même il a foudain repouffé ma priere ;
L'Autel s'eft obfcurci, le jour ne s'eft porté
Que fur ce monument antique & redouté,
Qui de Laomédon retrace la mémoire,
Et de fon châtiment éternife l'hiftoire ;
Neptune annonce ainfi fes ordres abfolus,
Et les coups dont fon bras menace vos refus.

IDOMENE'E.

Quoi ! barbare !

LE GRAND PRESTRE.

          Songez qu'il punit le parjure ;
Que fur le fils d'Ilus il vengea fon injure ;
De ce malheureux Roi craignez le trifte fort,
Voyez fur ces climats les vents fouffler la mort ;
Vos Sujets éperdus dans ces momens terribles,

                        C iij

Tomber autour de vous fous des coups invifibles,
Traînant pour fuir ces bords leurs pas appefantis,
Et poussant jufqu'à vous leurs lamentables cris.
Aux funébres accens de tant de voix plaintives,
Aux fantômes errans qui couvriront ces rives,
Vous croirez voir le Styx fur ce bord effrayant,
Vous mourrez mille fois dans ce peuple expirant :
Et voyez votre fils dans ce fléau funefte
Lui-même enveloppé par le courrovx célefte ;
Ainfi vous fubirez tous les malheurs unis,
Vous perdrez vos Sujets fans fauver votre fils ;
Dans ce preffant danger hâtez-vous de réfoudre.

IDOMENE'E.

Les Dieux peuvent frapper , mais j'attendrai la
  foudre ;
Je fuis pere.

LE GRAND PRESTRE.

   Oui , Seigneur , & c'eft de vos Sujets :
Le Ciel, qui vous chargea de ces grands intérêts ,
Vous prefcrit avant tout l'amour de la patrie.
Veiller fur les humains que l'Etat vous confie ,
C'eft le devoir des Rois, c'eft la loi de leur rang.
Le Ciel n'a point borné leur famille à leur fang ;
Leur peuple eft la premiere, & votre ame in-
  quiette
Se doit dans ces momens toute entiere à la Crete.
Iriez-vous l'accabler par des malheurs affreux,

En ofant difputer contre le choix des Dieux ?
Si fur votre paffage un deftin moins fevère
N'eût mis, au lieu d'un fils, qu'une tête étrangère ;
Votre cœur aux dépens d'un fang indifférent,
Alors envers le Ciel s'acquittoit aifément ;
Cependant vous plongiez d'une main meurtrière
Dans le deuil & les pleurs une famille entière ;
Le fort tombe fur vous, vous fouffrez ce qu'ail-
      leurs
Vous verfiez d'amertume, & laiffiez de malheurs ;
C'eft ainfi qu'appaifant l'éternelle juftice,
Il faut que votre vœu devienne un facrifice ;
Gémiffez, mais cédez : le doute où je vous vois
Expofe votre fils, & ce peuple à la fois ;
Hâtez-vous de choifir, & dans votre infortune,
Nouveau Laomédon, n'irritez point Neptune.

SCENE III.

IDOMENÉE.

LE coup dont il me frappe arrête ici mes
      pas,
Renverfe mes deffeins ; je quittois mes Etats,
Je partois, fuite heureufe, & reffource innocente,
Qui fans braver les Dieux confervoit Idamante !
Si cet éloignement me féparoit d'un fils,
Je me difois du moins, je le fauve à ce prix ;

C'est en le couronnant que j'effaçois ma faute,
C'étoit tout mon espoir, un Dieu cruel me l'ôte!
Privé de mon exil, perdant avec effroi
Ce revers consolant qui n'accabloit que moi,
Mes pas sont reportés sur le bord de l'abîme
Où le dernier malheur m'attend avec le crime.

SCENE IV.
ERIGONE, IDOMENE'E.
ERIGONE.

AH! pardonnez, Seigneur, si mon cœur égaré
Frémit, quoique déjà vous l'ayez rassûré:
Mes pas n'ont pu percer cette foule empressée
Qui suivoit le Grand Prêtre & l'effroi m'a glacée;
Qu'a-t-il dit? que veut-il? loin du Temple entraîne
Ce peuple se disperse & paroît consterné.

IDOMENE'E.
Hélas! que fait mon fils?

ERIGONE.
Il appaise, il ramene
Sous votre obéissance une foule incertaine:
Il leur crie; ô Crétois, c'est trop m'aimer pour moi,
Aimez-moi pour mon pere en rentrant sous sa loi.

IDOMENE'E.
O tendresse! ô vertu dont l'excès me déchire!
Et le Ciel veut ta mort!

ERIGONE.

Dieux ! que m'osez vous dire ?

IDOMENÉE.

De nos malheurs nouveaux connoissez tout le poids,
La foudre part du Temple & nous frappe tous trois ;
Le Ciel proscrit mon fils par la voix du Grand Prêtre ;
Il tonne : j'étois pere, il me défend de l'être ;
Je n'ai plus qu'à tourner contre mon propre flanc
Le fer qui de mon fils aura versé le sang.

ERIGONE.

Est-ce vous que j'entens, Idomenée ? un pere !

IDOMENÉE.

Neptune me poursuit, ce Dieu dont la colère
Punit Laomédon, m'annonce un même sort ;
Sa fureur toute prête à ravager ce bord
Oppose à mes refus les dangers d'un parjure,
Et la patrie entière au cri de la nature.

ERIGONE.

Eh ! quoi ! dans vos malheurs, succombant sous le faix,
Vous cedez par foiblesse au plus grand des forfaits ;

C v

IDOMENÉE.

Ce ferment eft affreux, mais de mon trouble ex-
  trême
Qui peut me dégager?

ERIGONE.

                    Votre ferment lui-même.
Tantôt en m'apprenant ce fecret plein d'horreur
Vous avez vu l'eftroi qui faififloit mon cœur,
Mes pl.urs, mon défefpoir. Dans ce comble d'al-
  larmes
J'aurois cru les raifons plus foibles que les larmes;
Mais puifqu'il faut parler, à quels Dieux ennemis
Avez vous pu jurer d'égorger votre fils?
Penfez vous, immolant cette chère victime,
Que même votre mort expie un fi grand crime?
Ce fils que vous livrez eft-il encore à vous?
Eh! de quel droit, Seigneur, m'ôtez-vous mon
    époux?
Que parlez-vous ici de vengeances funeftes,
Et de Laomédon & de fléaux céleftes?
Il rompit un vœu jufte, & devint criminel:
Le vôtre eft un outrage aux humains comme au
    Ciel.
Vous voulutes fauver vos vaiffeaux de l'orage,
Et vous feul cependant échappez au naufrage;
Et vous tremblez d'un vœu que le Ciel irrité,
En ne l'exauçant pas, n'a que trop rejetté,

Ah ! voyez sa clémence encor plus que sa haine
Envers ce même Roi donc vous craignez la peine :
Sa fille va périr offerte au Dieu des mers,
La vapeur de son sang doit épurer les airs ;...
Le Ciel dément l'oracle, & par le bras d'Alcide
Délivrant Hésione, empêche un parricide.
Eh ! Seigneur, sans chercher des exemples si loin,
Voyés ceux dont l'Aulide avec vous fut témoin,
Lorsque prête à partir la pouppe envain tournée
Resta sans mouvement sous la rame étonnée,
Quand pour ouvrir la route aux Grecs impatiens
Vers ce même Ilion si fatal en tout tems,
Votre barbare Chef accablant sa famille
Consentit qu'à l'Autel on conduisît sa fille,
Le bras déja levé, Calchas à tous les yeux,
Ne demeura-t-il pas enchaîné par les Dieux ?
Tant à la cruauté le Ciel veut mettre obstacle,
Tant l'humanité sainte est le premier oracle !

IDOMENEE.

Je suis abandonné de ces Dieux protecteurs,
Je suis sous le pouvoir des Dieux perfécuteurs.

ERIGONE.

Le désespoir vous trompe, ah ! craignez leur colère,
Mais en accomplissant un serment téméraire :
Ce même Agamemnon, victime de complots,
Vient de trouver la mort en rentrant dans Argos.

C vj

J'abhorre Clytemneftre; Egyfthe & la perfide
Seront punis un jour de ce grand parricide :
Mais les Dieux l'ont permis, ils n'ont point aux
    combats
Voulu qu'Agamemnon rencontrât le trépas,
Et diftinguant fa mort d'une mort ordinaire,
C'eft de loin fur l'époux qu'ils pourfuivoient le
    pere;
De fa fille en Aulide il étoit l'aſſaſſin,
Le Ciel prévint le crime & punit le deſſein.

IDOMENÉE.

Qui preffez-vous ici de fauver Idamante ?
Pour qui réclamiez-vous ma tendreffe trop lente ?
Mais comment le fauver ? je le connois trop bien,
Neptune eft mon tiran, l'honneur fera le fien ;
Idamante craindroit, cédant à ma tendreffe,
Qu'on ne le foupçonnât d'une indigne foibleffe,
Ce peuple eft effrayé, mon fils voudra s'offrir,
Plus il en eft aimé, plus il voudra mourir.
Extrémité fatale ! oüi ce moment terrible
Où j'allois le frapper, m'eût paru moins horrible;
Ne le connoiffant pas & plus foumis au Ciel,
Je n'euffe été qu'à plaindre, & je fuis criminel.
Tu l'as voulu, Neptune; & j'ai,dans ma mifere,
Epuifé tous les maux que peut fouffrir un pere.

SCENE V.

SOPHRONIME, IDOMENE'E, ERIGONE.

SOPHRONIME.

QUEL spectacle à nos yeux, Seigneur, vient
 d'être offert !
Non loin de ce rivage, un volcan s'est ouvert ;
Du sommet de l'Ida dans ce moment s'exhale
Une noire vapeur qui sort par intervalle
Et semble s'épaissir s'étendant vers ce lieu ;
Même on a cru, dit-on, voir sur la cime en feu
Pláner une furie, y secouer ses ailes,
Et d'un pâle flambeau semer les étincelles ;
Le peuple s'épouvante, il voit dans ces objets
Des vengeances du Ciel les terribles effets.
Votre fils court vers eux, & prévenant leurs plain-
 tes,
Crétois, leur a-t-il dit, je vais calmer vos craintes.
Il ordonne à ces mots qu'on prépare l'Autel
Où son généreux sang va satisfaire au Ciel,
Et chacun désormais effrayé pour soi-même,
Abandonne en pleurant la victime qu'il aime.

IDOMENÉE.

Mon fils !

ERIGONE, *rapidement.*

Il n'eſt plus tems de gémir ſur ſon ſort,
C'eſt nous qui l'immolons, ſi nous ſouffrons ſa
    mort.
Voici l'inſtant d'oſer, de tenter l'impoſſible.
Que je me ſens de force en ce moment terrible !
Le Prêtre, le Ciel même ont en vain menacé,
Empêchons qu'en ce lieu l'Autel ne ſoit dreſſé.
La nature, l'hymen, la vertu nous l'ordonnent ;
Nous n'oppoſons aux Dieux que les loix qu'ils
    nous donnent ;
La réſiſtance juſte en cette extrémité,
N'eſt ſans doute pour nous qu'un droit à leur bon-
    té ;
En laſſant leur rigueur arrachez votre grace,
Secondez mes tranſports, ſecondez mon audace.
J'irai, de votre fils & l'épouſe & l'appui,
Me jetter palpitante entre le glaive & lui ;
Venez, nous forcerons le peuple à ſa défenſe ;
Le Prêtre à la pitié, les Dieux à la clémence.

Fin du quatriéme Acte.

ACTE V.

Un Autel est dressé sur le rivage.

SCENE PREMIERE.

IDAMANTE, NAUSICRATE.

NAUSICRATE.

PAR vous-même ainsi donc votre tête est pros-
crite !
Vous pouvez vous soustraire à la tendre poursuite
D'une épouse éperdue & d'un pere éploré !
Mon Prince va périr ! ce serment abhorré
Que l'erreur prononça, que le remord abjure,
Est plus fort que l'hymen, plus fort que la nature !

IDAMANTE.

Et tu vois quel fléau semble justifier
Sur ces bords désolés l'effroi d'un peuple entier ;
De feux contagieux cette Isle est infectée,
On respire avec l'air la vapeur empestée,
Chaque instant d'un Crétois précipite le sort,
Le fléau croît, il frappe, & la mort suit la mort ;
Et tu veux qu'assiégé, que pressé de victimes,
Quand peut-être, en mourant, je ferme tant d'a-
bîmes,

Je laisse à mon pays, dans ce commun effroi,
Un prétexte apparent de se plaindre de moi !
Tu veux qu'Idomenée entende la Patrie
Lui reprocher son vœu, son parjure & ma vie !
Non, je céde à la loi de la nécessité,
J'arrache un pere au trouble où son vœu l'a jetté,
Et je rends à jamais mon nom cher à la Crete,
Si le salut public par mon sang se rachete.
Il le faut avouer, j'attendois dans ces lieux
Du retour de mon pere un sort moins malheureux ;
Il m'étoit doux de vivre, une épouse chérie,
Un pere qui m'aimoit, m'attachoient à la vie ;
Mon cœur ne connoît point l'insensibilité
D'une triste vertu hors de l'humanité,
Et ne voit que l'orgueil dans la fermeté dure
Qui dompte ou feint plutôt de dompter la nature.
Nausicrate, ce cœur s'arrache avec effort
A des nœuds qui faisoient le bonheur de mon sort ;
Je meurs à tous les biens d'un cœur tendre & sen-
 sible,
Voilà mon sacrifice, ami, le plus pénible ;
Voilà vraiment ma mort.

NAUSICRATE.

           Non, je ne puis, Seigneur,
Croire encor dans les Dieux cet excès de rigueur,
Qu'ils veuillent qu'on expie une erreur par un
   crime,
Qu'ils veuillent immoler un Prince magnanime

A cette loi de sang, dont l'inhumanité
Deshonore leur culte & dément leur bonté.

I D A M A N T E.

Cette loi meurtriere & ce barbare hommage
Sont moins pour eux sans doute un culte qu'un
  outrage ;
Mais le Ciel, pour punir l'homme de sa fureur,
Reçoit l'affreux tribut de sa feroce erreur ;
Je mourrai, laisse-moi ce destin qui t'étonne :
Retourne seulement, ami, vers Erigone.
J'aurois voulu pouvoir lui cacher mon trépas ;
Par mon ordre déjà l'on observe ses pas ;
Qu'on l'éloigne du moins dans ces momens d'al-
  larmes,
Sauve-moi du tourment de voir couler ses larmes.

S C E N E I I.

ERIGONE, IDAMANTE, NAUSICRATE.

E R I G O N E, *aux Gardes.*

Hé quoi ! vous m'arrêtez! vous osez, inhu-
mains!..

I D A M A N T E.

La voici.

E R I G O N E.

Je l'entens, tous vos efforts sont vains.

IDAMANTE.

Où fuir!.

ERIGONE.

Cher Idamante! eh quoi! tu m'abandonnes!
C'eſt à toi qu'on m'arrache, & c'eſt toi qui l'or-
      donnes!
Tu veux mourir! tu veux te ſéparer de moi!
Erigone te perd, & n'eſt plus rien pour toi!
Mais que vois-je, grands Dieux! quelle image
      effrayante,
Quels ſiniſtres apprêts là rive me préſente!
C'eſt donc là que tu veux, conſacrant ta fureur....
Non je ne puis ſouffrir ce ſpectacle d'horreur.
Renverſons cet Autel .... vous m'arrêtez, barba-
      res!....
Ils ſervent ſáns pitié le zèle où tu t'égares!
Que fait Idomenée? il t'abandonne, il fuit;
Il te laiſſe à l'Autel où ſon vœu t'a conduit.

IDAMANTE.

Il ne m'immole point, c'eſt moi qui me dévoue.
Ne lui reproche plus un vœu qu'il deſavoue,
Un vœu qui le déchire; il vouloit le cacher,
De ces bords dangereux il vouloit m'arracher;
Il s'exiloit lui-même, & contre la tempête
Faiſoit de ſa couronne un abri pour ma tête;
Tendres illuſions que ſon cœur en m'aimant.
Embraſſoit pour tâcher d'éluder ſon ſerment!
Mais la Crete périt: le Dieu qui la déſole

Attend pour s'appaiſer qu'Idamante s'immole.
Auteur des maux publics, me rendrois-je en ce
   jour
L'horreur d'un peuple entier dont tu m'as vû
   l'amour ?
S'il fut heureux par moi, ſi ſa reconnoiſſance.
Contre mon pere même avoit pris ma défenſe,
S'il m'appelloit tantôt à ce ſuprême rang,
Je vois en lui mon peuple, & je lui dois mon Sang.

E R I G O N E.

Voilà le ſeul honneur dont ton ame eſt jalouſe!
Ton peuple! ..... mais, cruel! ta malheureuſe
   épouſe!

I D A M A N T E.

Et je meurs pour toi-même, en détournant de toi
Le fléau qui pourroit te frapper devant moi.

E R I G O N E.

En périrai-je moins? ta vie étoit la mienne:
Tu n'en ſçaurois douter, ma mort ſuivra la tienne.
Va, la contagion aveugle dans ſon cours,
Le hazard en ces lieux peut épargner mes jours;
Mais que fera le coup où ta fureur s'obſtine,
Qu'aſſurer à la fois & hâter ma ruine!
Eh! qu'importe à mon ſort que ce ſoit le fléau,
Ou bien le déſeſpoir qui me plonge au tombeau ?

I D A M A N T E.

Ah! ſi je te ſuis cher, fais toi l'effort de vivre,
Empêche ainſi mon pere aujourd'hui de me ſuivre.

Daigne être encor fa fille ; & qu'il ne perde rien
De ce cœur qu'Idamante épanche dans le tien ;
Adieu, quitte ces lieux.

ERIGONE.

Moi te fuir ! qu'Erigone,
Oifive en fa douleur au trépas t'abandonne !

IDAMANTE.

De ces triftes momens épargne-toi l'horreur.

ERIGONE.

Eh ! cache donc auffi ton fupplice à mon cœur.

IDAMANTE.

C'eft trop nous attendrir, la vapeur meurtriere
Ravage ces climats pendant que je differe ;
Chere Erigone, adieu, va, porte ailleurs tes pas :
Je meurs de ta douleur plus que de mon trépas.

ERIGONE.

Je ne te quitte point,....ô mortelles allarmes !
Eh ! que puis-je tenter ? qu'efpérer de mes larmes ?
Je ne vis, ni ne meurs ; & , d'horreur confumé ,
Seulement pour fouffrir mon cœur eft ranimé.

NAUSICRATE.

Ah ! Madame ! on s'avance , un tumulte finiftre...

SCENE III.

LE GRAND PRESTRE, ERIGONE, IDAMANTE, NAUSICRATE, PRESTRES, PEUPLES.

Les Portes du Temple s'ouvrent; Erigone arréte le Grand Prêtre sur le seüil.

ERIGONE.

ARRESTE, des Autels implacable Miniltre,
Tiran qui veux foumettre à d'homicides loix
Les jours de l'innocence & le fang de tes Rois.
Eh! quel vœu faut-il donc qu'Idamante accom-
    pliffe?
Quel Dieu préfide au meurtre & prefcrit l'injuftice?
Voici, voici l'Autel * où les vœux les plus faints
M'engagerent à lui, ... devant eux .... dans vos
    mains,
Et votre fanatifme aveuglément préfere
A des fermens facrés un ferment fanguinaire;
Ah! s'il faut aujourd'hui violer l'un des deux,
Doit-ce être, répondez, le ferment vertueux?
Et dans les préjugés dont l'erreur vous domine,
Un vœu n'eft-il facré que lorfqu'il affaffine?
J'embraffe cet Autel, & pour en apprecher,
Cruels, toute fanglante il faut m'en arracher.

* Elle met la main fur l'Autel.

SCENE IV. ET DERNIERE.

IDAMANTE, IDOMENÉE, ERIGONE, LE GRAND PRESTRE, SOPHRONIME, NAUSICRATE, PRESTRES, PEUPLES.

IDOMENÉE, *arrivant du Temple avec précipitation.*

Non, tu ne mourras point, ton espérance est
   vaine.

IDAMANTE.

Mon pere, où courez-vous? quel transport vous
   entraîne?

ERIGONE.

Venez, Seigneur, venez & joignez-vous à
   moi.

IDAMANTE.

M'accablez-vous tous deux!

IDOMENÉE.

      Mon fils est votre Roi:
Peuples, ah! défendez une tête adorée,
Et pour vous & pour moi cette tête est sacrée.
Non, son pere à la mort ne l'aura point conduit:
Ce n'est point lui, c'est moi que Neptune pour-
   suit;
Pour lui je viens aux Dieux m'offrir seul en victime.

IDAMANTE.

Vous, mourir !

IDOMENÉE.

Laiffe moi, mon fils, j'ai fait le crime.

IDAMANTE.

Ma mort doit l'expier.

IDOMENÉE.

Le trépas m'eft un bien.

IDAMANTE.

Neptune veut mon fang.

IDOMENÉE.

Et mon fang eft le tien.

IDAMANTE, *fe frappant d'un poignard.*

Eh bien ! je le répands ; vivez, mon pere.

Le tonnerre gronde.

IDOMENÉE.

Où fuis-je ?

ERIGONE, *tombant au pied de l'Autel évanouie.*

Ciel !

IDOMENEE.

Dieu barbare, acheve.

IDAMANTE, *dans les bras de Naufierate.*

Entendez ce prodige ;

Le Ciel enfin s'appaife.

IDOMENÉE, *voulant fe frapper de l'épée de Sophronime.*

Ah ! c'eft par d'autres coups ....

IDAMANTE.

Amis, fauvez mon pere.

IDOMENÉE, *dans les bras de Sophronime.*

         Eh ! que prétendez-vous ?
Exécrable serment ! victime trop chérie !

IDAMANTE.

Vivez & rappellez Erigone à la vie ;
Séchez, si vous m'aimez, l'un de l'autre les pleurs,
Que j'emporte ce prix de mon trépas .... je meurs.

SOPHRONIME.

Seigneur ! arrachez-vous....

IDOMENÉE.

         Eh bien ! Dieu de la Créte
Mon serment est rempli, votre loi satisfaite.
J'ai tout perdu : Crétois, je vous rends votre foi ;
Non, je n'ai plus de fils, vous n'avez plus de Roi ;
Je quitte ces Autels, ce trône, ce rivage,
Tout m'est affreux. Je fuis une sanglante image.
Je vais chercher ailleurs des Dieux moins ennemis,
Je vais pleurer ailleurs mon serment & mon fils.

     Fin du cinquiéme & dernier Acte.

APPROBATION.

J'Ai lu par ordre de Monseigneur le Vice-Chancelier *Idomenée,*
Tragédie, & je crois qu'on peut en permettre l'impression,
à Paris ce 16 Mars 1764. MARIN.

Le Privilège & l'Enregistrement se trouvent au nouveau Théâtre
François & Italien.

www.ingramcontent.com/pod-product-compliance
Lightning Source LLC
LaVergne TN
LVHW022143080426
835511LV00007B/1238